Impressum
Verlag: BABADADA GmbH, Nedderfeld 112 , 22529 Hamburg
Geschäftsführer / Verlagsleitung: Harald Hof
Druck: Books on Demand GmbH, In de Tarpen 42, 22848 Norderstedt

Imprint
Publisher: BABADADA GmbH, Nedderfeld 112 , 22529 Hamburg, Germany
Managing Director / Publishing direction: Harald Hof
Print: Books on Demand GmbH, In de Tarpen 42, 22848 Norderstedt

koulu
escola

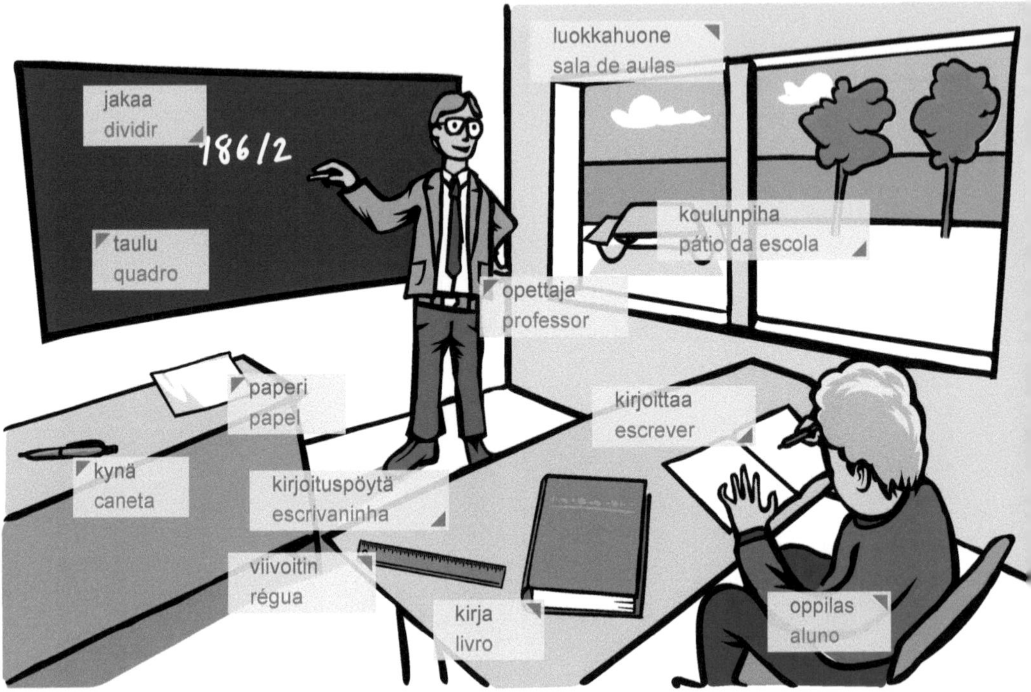

luokkahuone
sala de aulas
jakaa
dividir
186/2
taulu
quadro
koulunpiha
pátio da escola
opettaja
professor
paperi
papel
kirjoittaa
escrever
kynä
caneta
kirjoituspöytä
escrivaninha
viivoitin
régua
kirja
livro
oppilas
aluno

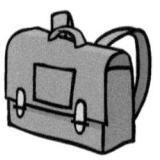

reppu

sacola

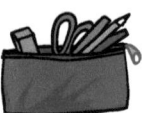

penaali

estojo de lápis

lyijykynä

lápis

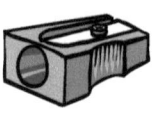

kynänteroitin

apontador de lápis

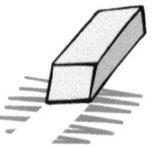

pyyhekumi

borracha

piirustuslehtiö

bloco de desenho

piirustus

desenho

pensseli

pincel

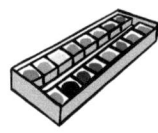

vesivärit

estojo de tintas

sakset

tesoura

liima

cola

harjoituskirja

livro de exercícios

kotitehtävä

lição de casa

luku

número

lisätä

somar

vähentää

subtrair

kertoa

multiplicar

laskea

calcular

kirjain

letra

aakkoset

alfabeto

sana

palavra

teksti

texto

lukea

ler

liitu

giz

oppitunti

hora

opettajan muistikirja

registro da classe

koe

exame

todistus

certificado

koulupuku

uniforme escolar

koulutus

educação

sanakirja

enciclopédia

yliopisto

universidade

mikroskooppi

microscópio

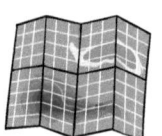

kartta

mapa

roskakori

cesto de lixo

matka
viagem

hotelli
hotel
Grand
retkeilymaja
albergue
ROOMS
rahanvaihto
casa de câmbio
matkalaukku
mala
auto
carro

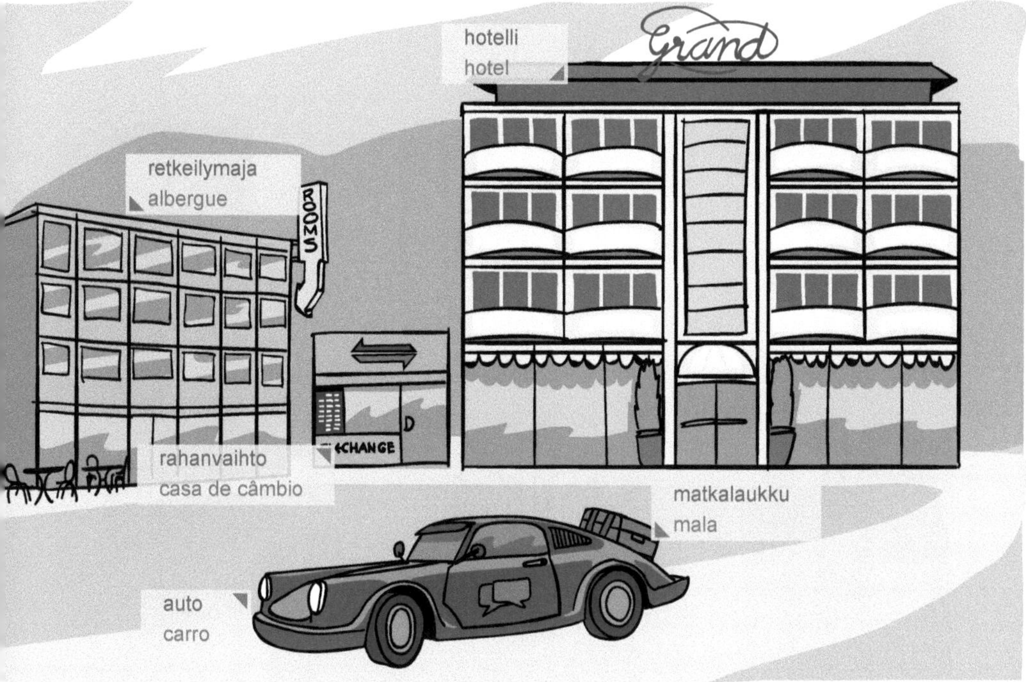

kieli

idioma

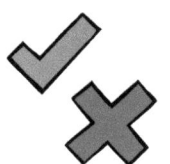

kyllä / ei

sim / não

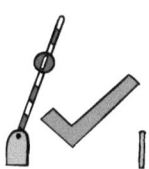

selvä

ok

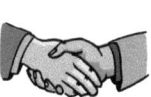

hei

Olá

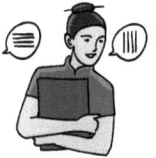

tulkki

tradutor

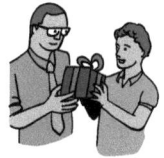

kiitos

obrigado

Paljonko...maksaa?

quanto custa...?

en ymmärrä

eu não entendo

ongelma

problema

Hyvää iltaa!

boa noite!

Hyvää huomenta!

Bom dia!

Hyvää yötä!

Boa noite!

näkemiin

até logo

suunta

direção

matkatavarat

bagagem

laukku

bolsa

reppu

mochila

vieras

convidado

huone

quarto

makuupussi

saco de dormir

teltta

barraca

turisti-info

informação turística

ranta

praia

luottokortti

cartão de crédito

aamupala

café da manhã

lounas

almoço

päivällinen

jantar

matkalippu

bilhete

hissi

elevador

postimerkki

selo

raja

fronteira

tulli

alfândega

suurlähetystö

embaixada

viisumi

visto

passi

passaporte

kuljetus
transporte

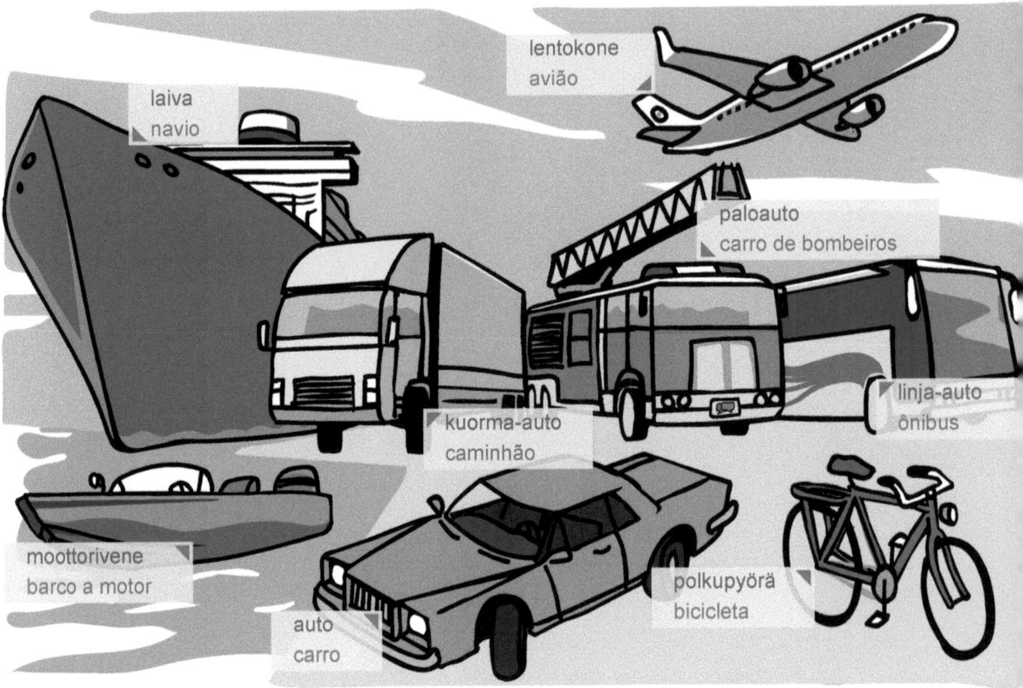

lentokone
avião
laiva
navio
paloauto
carro de bombeiros
linja-auto
ônibus
kuorma-auto
caminhão
moottorivene
barco a motor
polkupyörä
bicicleta
auto
carro

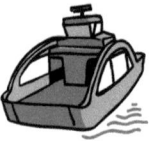

lautta
balsa

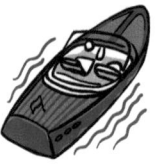

vene
barco

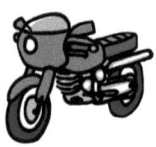

moottoripyörä
motocicleta

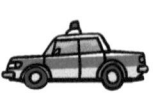

poliisiauto
veículo policial

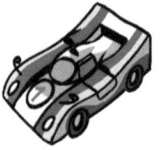

kilpa-auto
carro de corrida

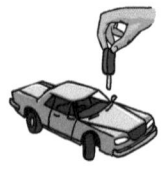

vuokra-auto
carro de aluguel

car sharing

compartilhamento de automóvel

hinausauto

caminhão de reboque

roska-auto

caminhão de lixo

moottori

motor

polttoaine

combustível

huoltoasema

posto de gasolina

liikennemerkki

placa de trânsito

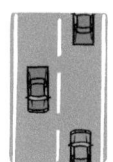

liikenne

trânsito

ruuhka

trânsito lento

parkkipaikka

estacionamento

rautatieasema

estação de trem

raiteet

trilhos

juna

trem

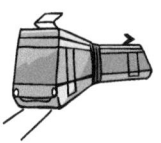

raitiovaunu

bonde

vaunu

vagão

helikopteri

helicóptero

lentokenttä

aeroporto

lähilennonjohto

torre

matkustaja

passageiro

kontti

contêiner

pahvilaatikko

cartolina

kärryt

carroça

kori

cesto

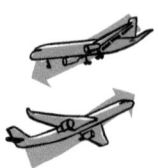

nousta / laskea

decolar / pousar

kaupunki
cidade

kylä

vilarejo

keskusta

centro da cidade

talo

casa

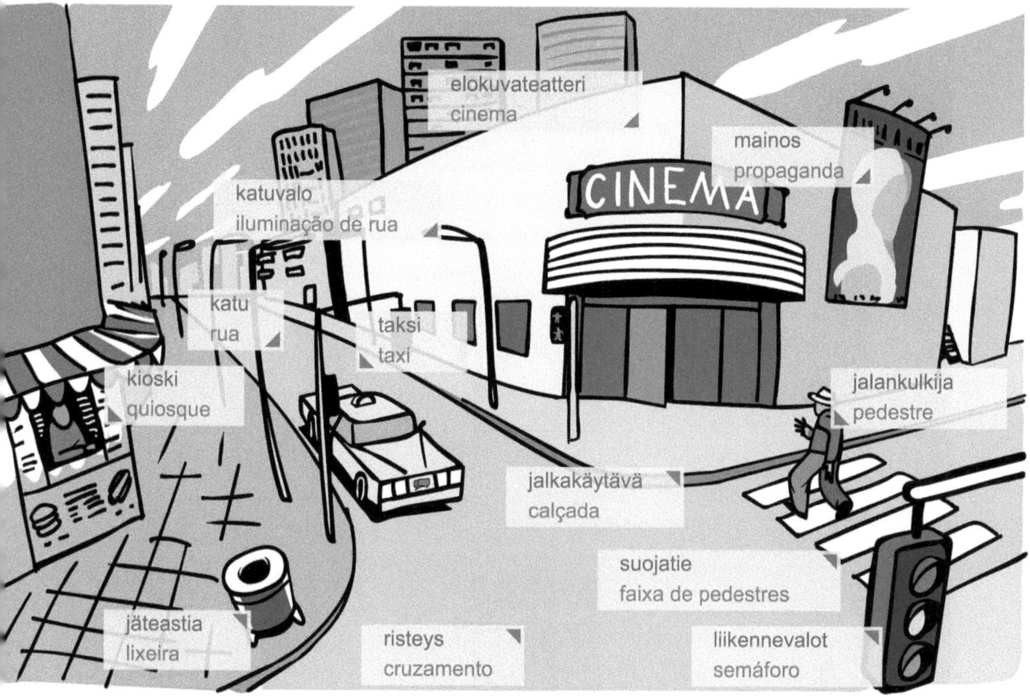

elokuvateatteri
cinema
mainos
propaganda
CINEMA
katuvalo
iluminação de rua
katu
rua
taksi
taxi
kioski
quiosque
jalankulkija
pedestre
jalkakäytävä
calçada
suojatie
faixa de pedestres
jäteastia
lixeira
risteys
cruzamento
liikennevalot
semáforo

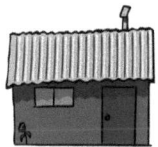

mökki

cabana

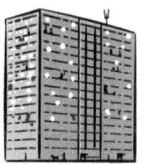

kerrostalo

apartamento

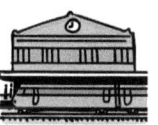

rautatieasema

estação de trem

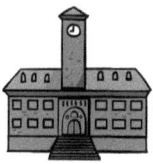

kaupungintalo

prefeitura

MUSEUM

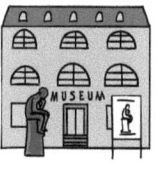

museo

museu

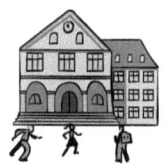

koulu

escola

yliopisto

universidade

pankki

banco

sairaala

hospital

hotelli

hotel

apteekki

farmácia

toimisto

escritório

kirjakauppa

livraria

liike

loja

kukkakauppa

floricultura

supermarketti

supermercado

tori

mercado

tavaratalo

loja de departamentos

kalakauppias

peixaria

ostoskeskus

centro comercial

satama

porto

puisto

parque

penkki

banco

silta

ponte

portaat

escadas

metro

metrô

tunneli

túnel

linja-autopysäkki

ponto de ônibus

baari

bar

ravintola

restaurante

postilaatikko

caixa de correspondência

katukyltti

placa de rua

parkkimittari

parquímetro

eläintarha

zoológico

uimala

piscina

moskeija

mesquita

maatila

fazenda

ympäristön saastuminen

poluição

hautausmaa

cemitério

kirkko

igreja

leikkikenttä

parquinho

temppeli

templo

maisema
paisagem

lehti
folha

tienviitta
placa de sinalização

tie
caminho

niitty
gramado

kivi
pedra

puu
árvore

retkeilijä
caminhantes

joki
rio

ruoho
grama

kukka
flor

laakso
vale

vuori
montanha

järvi
lago

metsä
floresta

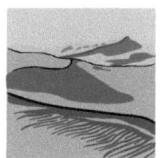

aavikko
deserto

tulivuori
vulcão

linna
castelo

sateenkaari
arco-íris

sieni
cogumelo

palmu
palmeira

hyttynen
mosquito

kärpänen
mosca

muurahainen
formiga

mehiläinen
abelha

hämähäkki
aranha

kovakuoriainen

besouro

sammakko

sapo

orava

esquilo

siili

ouriço

jänis

lebre

pöllö

coruja

lintu

pássaro

joutsen

cisne

villisika

javali

peura

veado

hirvi

alce

pato

barragem

tuulimylly

aerogerador

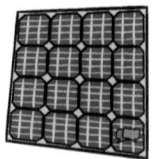

aurinkopaneeli

painel solar

ilmasto

clima

ravintola
restaurante

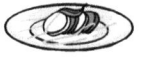

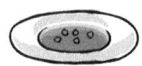

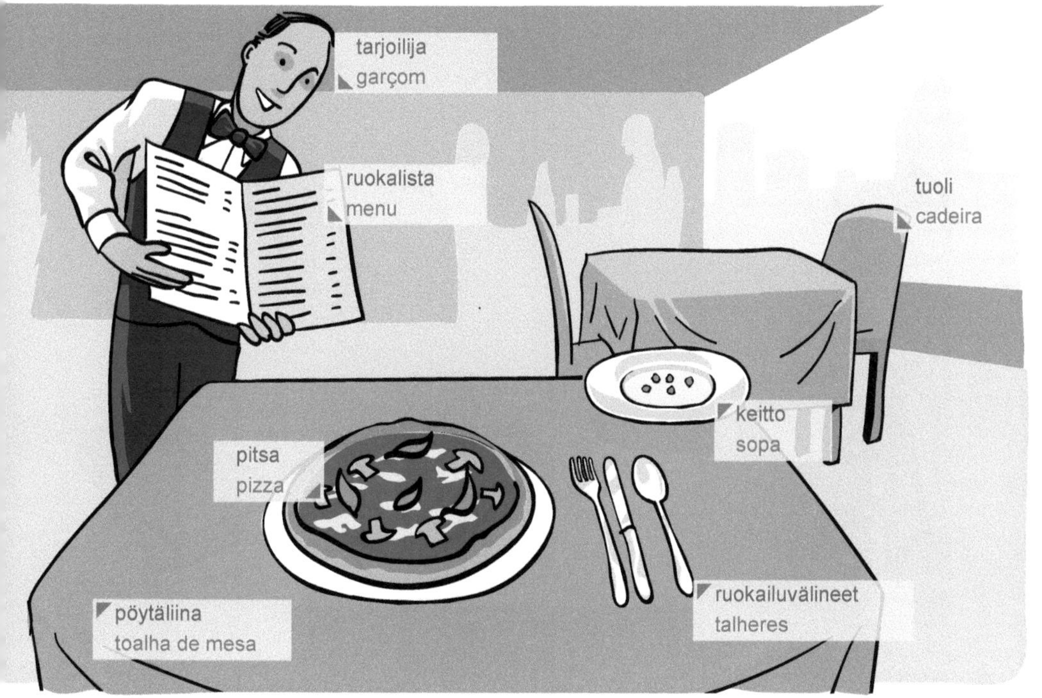
tarjoilija
garçom
ruokalista
menu
tuoli
cadeira
keitto
sopa
pitsa
pizza
pöytäliina
toalha de mesa
ruokailuvälineet
talheres

alkuruoka
entrada

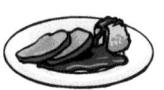

pääruoka
prato principal

jälkiruoka
sobremesa

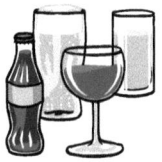

juomat
bebidas

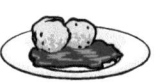

ruoka
comida

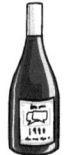

pullo
garrafa

pikaruoka
fastfood

katuruoka
comida de rua

teekannu
bule de chá

sokeriastia
açucareiro

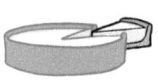

annos
porção

espressokeitin
máquina de expresso

syöttötuoli
cadeirão

lasku
conta

tarjotin
bandeja

veitsi
faca

haarukka
garfo

lusikka
colher

teelusikka
colher de chá

servietti
guardanapo

lasi
copo

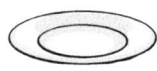

lautanen

prato

syvä lautanen

prato de sopa

aluslautanen

pires

kastike

molho

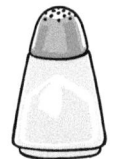

suolasirotin

saleiro

pippurimylly

moedor de pimenta

etikka

vinagre

öljy

óleo

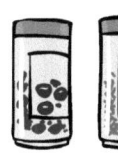

mausteet

especiarias

ketsuppi

ketchup

sinappi

mostarda

majoneesi

maionese

supermarketti
supermercado

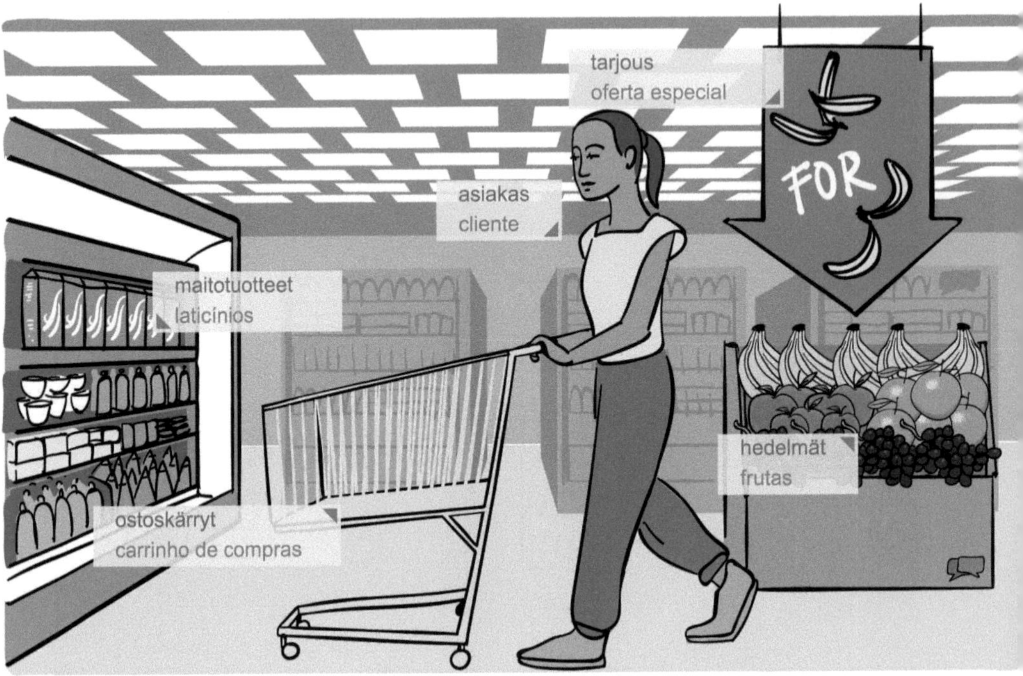

tarjous
oferta especial
FOR
asiakas
cliente
maitotuotteet
laticínios
hedelmät
frutas
ostoskärryt
carrinho de compras

BUTCHERS

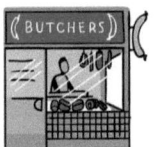

teurastamo

açougue

BAKERY

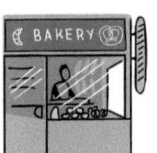

leipomo

padaria

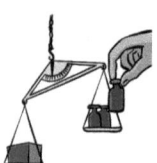

punnita

pesar

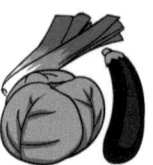

kasvikset

legumes

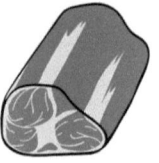

liha

carne

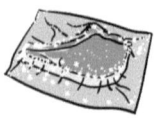

pakasteet

congelados

leikkele

charcutaria

säilykkeet

conservas

pesujauhe

detergente em pó

makeiset

doces

kotitaloustarvikkeet

artigos domésticos

puhdistusaineet

produtos de limpeza

myyjä

vendedora

kassa

caixa

kassanhoitaja

caixa

ostoslista

lista de compras

aukioloajat

horário de funcionamento

lompakko

carteira

luottokortti

cartão de crédito

kassi

sacola

muovipussi

saco plástico

vesi

água

mehu

suco

maito

leite

kokis

coca-cola

viini

vinho

olut

cerveja

alkoholi

álcool

kaakao

cacau

tee

chá

kahvi

café

espresso

expresso

cappuccino

cappuccino

banaani

banana

omena

maçã

appelsiini

laranja

meloni

melão

sitruuna

limão

porkkana

cenoura

valkosipuli

alho

bambu

bambu

sipuli

cebola

sieni

cogumelo

pähkinät

nozes

spagetti

macarrão

spagetti

espaguete

riisi

arroz

salaatti

salada

ranskalaiset

batatas fritas

paistetut perunat

batatas frias

pitsa

pizza

hampurilainen

hambúrger

voileipä

sanduíche

leike

escalope

kinkku

presunto

salami

salame

makkara

salsicha

kana

galinha

paisti

assado

kala

peixe

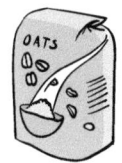

kaurahiutaleet

flocos de aveia

mysli

granola

murot

flocos de milho

jauho

farinha

voisarvi

croissant

sämpylä

pãozinho

leipä

pão

paahtoleipä

torrada

keksit

biscoitos

voi

manteiga

rahka

requeijão

kakku

bolo

kananmuna

ovo

paistettu kananmuna

ovo frito

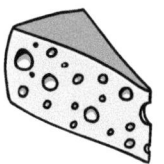

juusto

queijo

jäätelö

sorvete

sokeri

açúcar

hunaja

mel

hillo

geleia

suklaapähkinälevite

creme de avelãs

curry

curry

maatila
fazenda

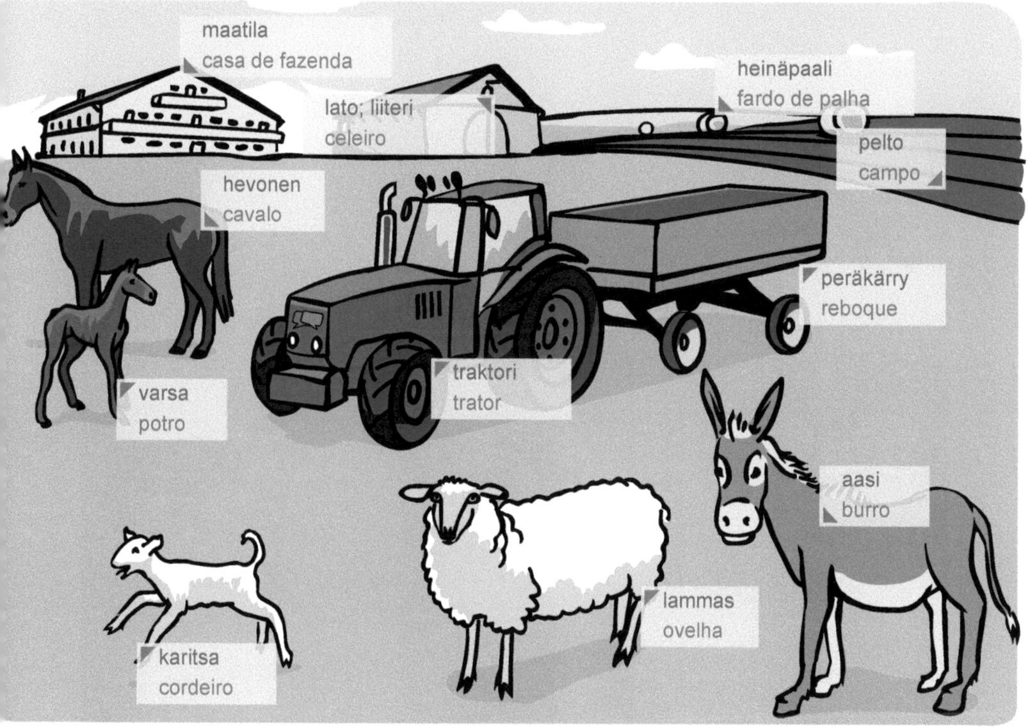

maatila
casa de fazenda
lato; liiteri
celeiro
heinäpaali
fardo de palha
pelto
campo
hevonen
cavalo
peräkärry
reboque
traktori
trator
varsa
potro
aasi
burro
lammas
ovelha
karitsa
cordeiro

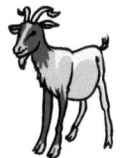

vuohi

cabra

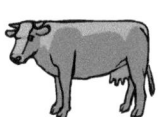

lehmä

vaca

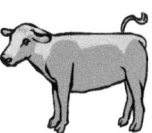

vasikka

bezerro

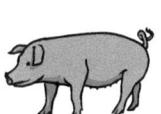

sika

porco

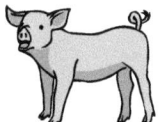

porsas

leitão

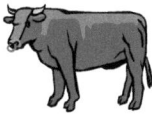

sonni

touro

hanhi

ganso

ankka

pato

tipu

pintinho

kana

galinha

kukko

galo

rotta

ratazana

kissa

gato

hiiri

camundongo

härkä

boi

koira

cachorro

koirankoppi

casinha do cachorro

puutarhaletku

mangueira de jardim

kastelukannu

regador

viikate

foice

aura

arado

sirppi
foice

kuokka
enxada

talikko
forquilha

kirves
machado

kottikärryt
carrinho de mão

kaukalo
manjedoura

maitokannu
jarra de leite

säkki
saco

aita
cerca

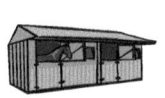

talli
estábulo

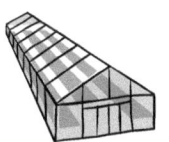

kasvihuone
estufa

maa
solo

siemen
semente

lannoite
fertilizante

leikkuupuimuri
colheitadeira

kerätä sato

colher

sato

colheita

jamssit

inhame

vehnä

trigo

soija

soja

peruna

batata

maissi

milho

rypsi

colza

hedelmäpuu

árvore frutífera

maniokki

mandioca

vilja

cereais

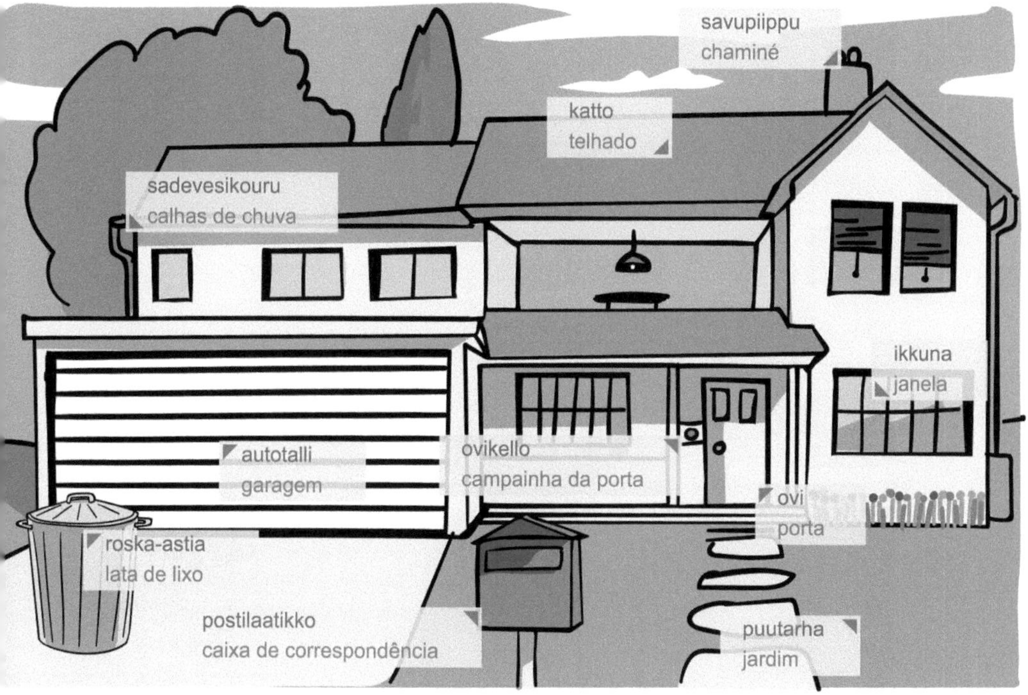

savupiippu
chaminé

katto
telhado

sadevesikouru
calhas de chuva

ikkuna
janela

autotalli
garagem

ovikello
campainha da porta

ovi
porta

roska-astia
lata de lixo

postilaatikko
caixa de correspondência

puutarha
jardim

olohuone

sala de estar

kylpyhuone

banheiro

keittiö

cozinha

makuuhuone

quarto de dormir

lastenhuone

quarto de criança

ruokahuone

sala de jantar

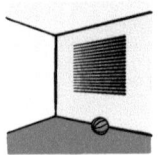

lattia
chão

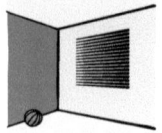

seinä
parede

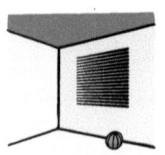

katto
teto

kellari
porão

sauna
sauna

parveke
varanda

terassi
terraço

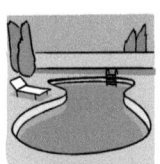

uima-allas
piscina

ruohonleikkuri
cortador de grama

lakana
lençol

päiväpeitto
coberta

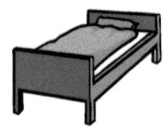

sänky
cama

harja
vassoura

ämpäri
balde

katkaisin
interruptor

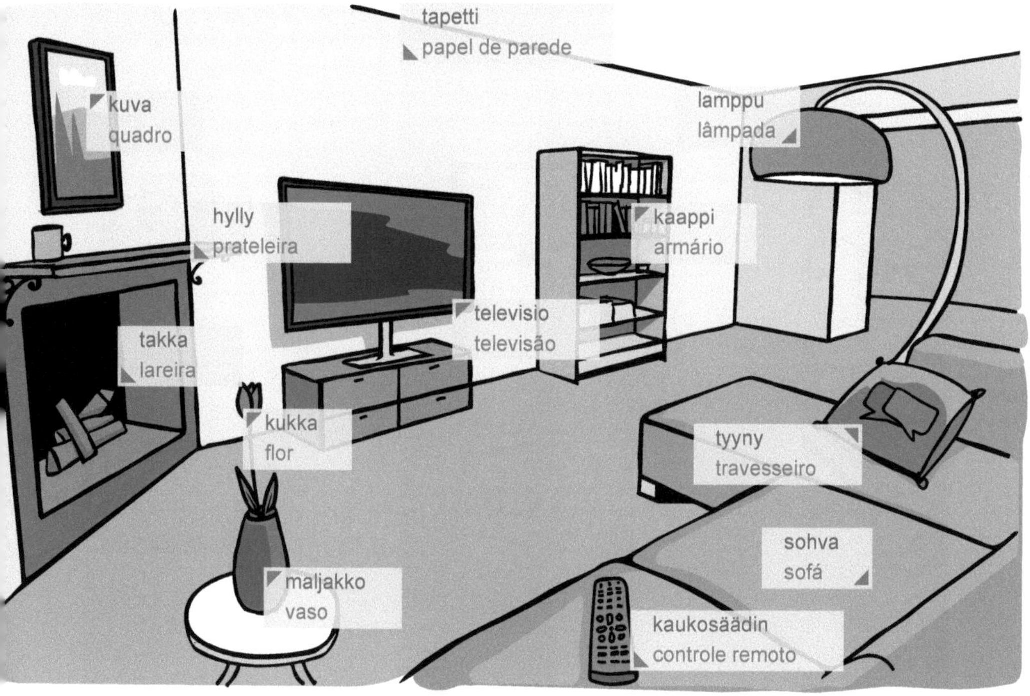

tapetti
papel de parede

kuva
quadro

lamppu
lâmpada

hylly
prateleira

kaappi
armário

takka
lareira

televisio
televisão

kukka
flor

tyyny
travesseiro

sohva
sofá

maljakko
vaso

kaukosäädin
controle remoto

matto
tapete

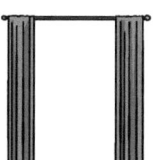

verho
cortina

pöytä
mesa

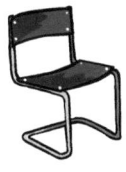

tuoli
cadeira

keinutuoli
cadeira de balanço

nojatuoli
poltrona

kirja

livro

peitto

cobertor

koriste

decoração

polttopuut

lenha

elokuva

filme

stereot

equipamento de som

avain

chave

sanomalehti

jornal

maalaus

pintura

juliste

pôster

radio

rádio

muistivihko

bloco de notas

pölynimuri

aspirador

kaktus

cacto

kynttilä

vela

keittiö
cozinha

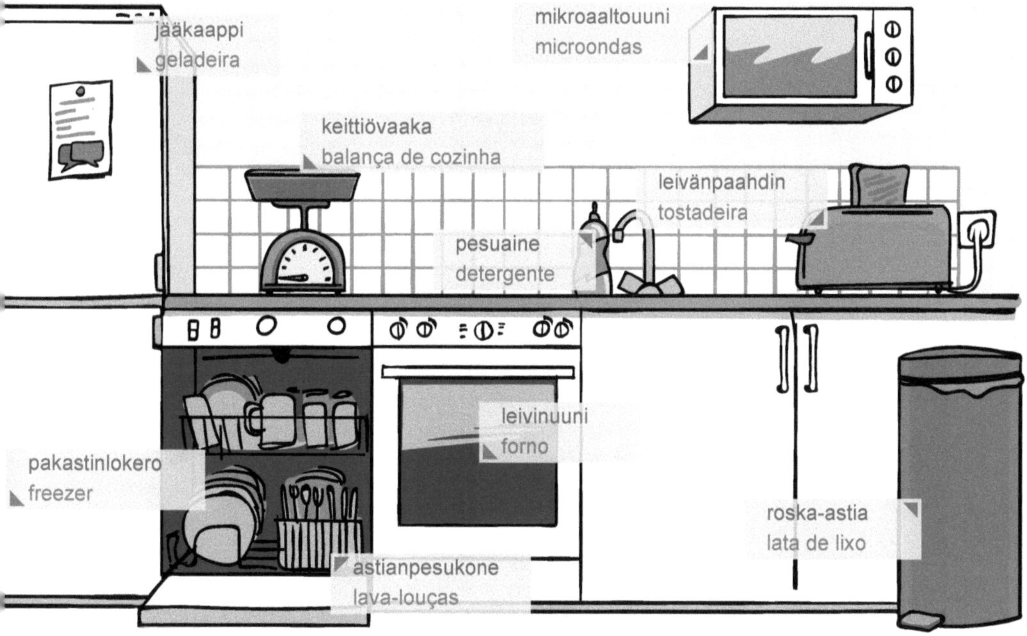
jääkaappi
geladeira
mikroaaltouuni
microondas
keittiövaaka
balança de cozinha
leivänpaahdin
tostadeira
pesuaine
detergente
leivinuuni
forno
pakastinlokero
freezer
roska-astia
lata de lixo
astianpesukone
lava-louças

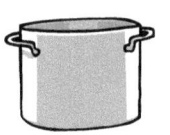

liesi

fogão

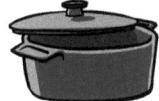

kattila

panela

rautapata

panela de ferro

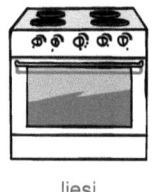

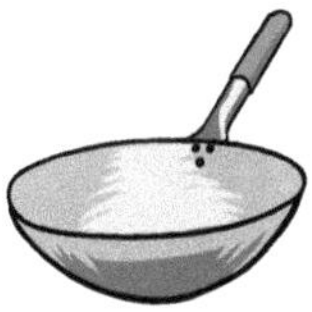

vokkipannu / kadai-pannu

wok / kadai

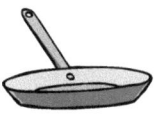

paistinpannu

frigideira

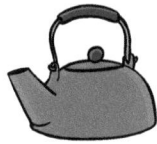

teepannu

chaleira

höyrykeitin

panela a vapor

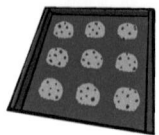

uunipelti

tabuleiro de forno

astiat

louça

muki

caneca

kulho

caçarola

syömäpuikot

hashi

kauha

concha de sopa

paistinlasta

espátula

vispilä

batedor

siivilä

escorredor

siivilä

peneira

raastin

ralador

mortteli

almofariz

grilli

churrasqueira

avotuli

lareira

leikkuulauta

tábua de cortar

kaulin

rolo da massa

korkinavaaja

saca-rolhas

purkki

lata

purkinavaaja

abridor de latas

pannulappu

pegador de panela

lavuaari

pia

tiskiharja

escova

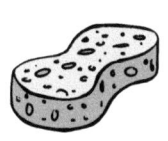

pesusieni

esponja

tehosekoitin

liquidificador

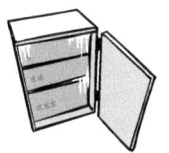

pakastin

congelador

tuttipullo

mamadeira

vesihana

torneira

kylpyhuone
banheiro

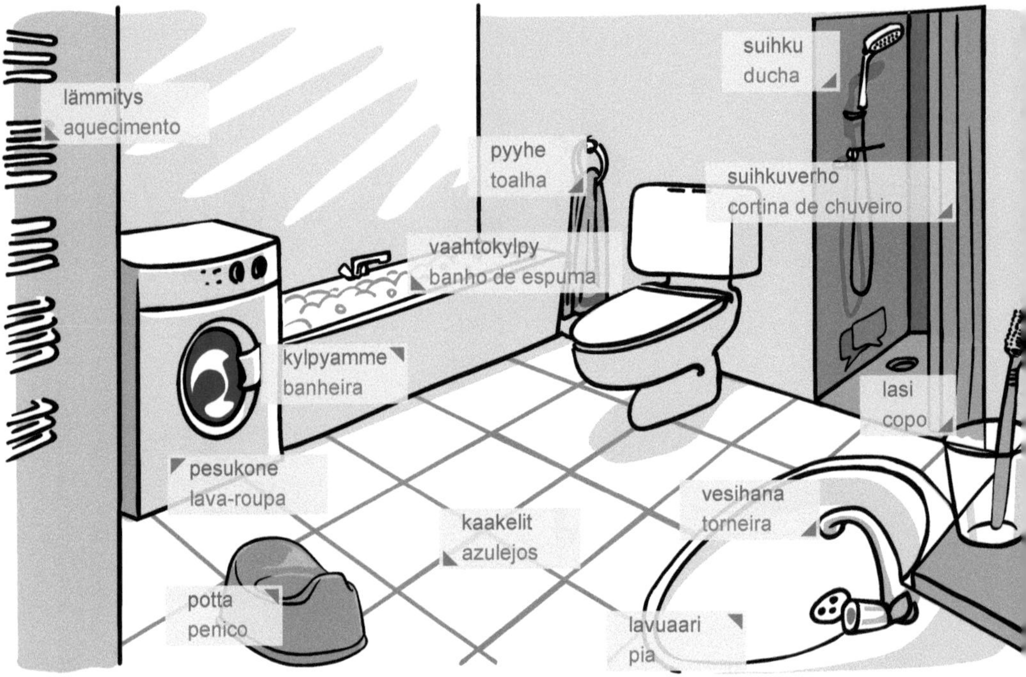
suihku
ducha
lämmitys
aquecimento
pyyhe
toalha
suihkuverho
cortina de chuveiro
vaahtokylpy
banho de espuma
kylpyamme
banheira
lasi
copo
pesukone
lava-roupa
vesihana
torneira
kaakelit
azulejos
potta
penico
lavuaari
pia

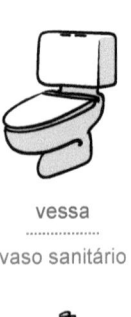

vessa
vaso sanitário

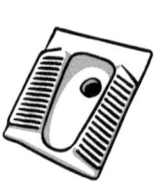

kyykkyvessa
lavabo de agachar

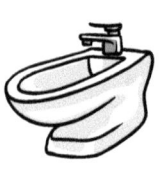

bidee
bidê

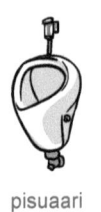

pisuaari
mictório

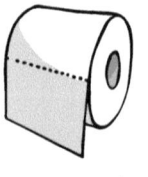

vessapaperi
papel higiênico

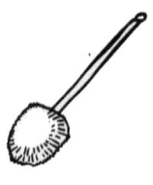

vessaharja
escova de privada

hammasharja

escova de dentes

hammastahna

pasta de dentes

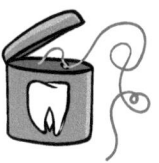

hammaslanka

fio dental

pestä

lavar

käsisuihku

ducha de mão

intiimisuihku

ducha íntima

pesuvati

bacia

selkäharja

escova para as costas

saippua

sabonete

suihkugeeli

gel de banho

shampoo

xampu

pesulappu

toalha de rosto

viemäri

escoamento

voide

creme

deodorantti

desodorante

peili

espelho

käsipeili

espelho de mão

partaveitsi

barbeador

partavaahto

espuma de barbear

partavesi

loção pós-barba

kampa

pente

harja

escova

hiustenkuivaaja

secador de cabelo

hiuslakka

spray de cabelo

meikki

maquiagem

huulipuna

batom

kynsilakka

esmalte de unhas

pumpuli

algodão

kynsisakset

tesoura para unhas

hajuvesi

perfume

kosmetiikkalaukku

nécessaire

jakkara

banquinho

vaaka

balança

kylpytakki

roupão de banho

kumihansikkaat

luvas de borracha

tamponi

absorvente interno

terveysside

absorvente íntimo

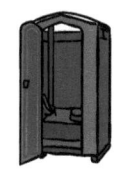

kemiallinen wc

banheiro químico

lastenhuone
quarto de criança

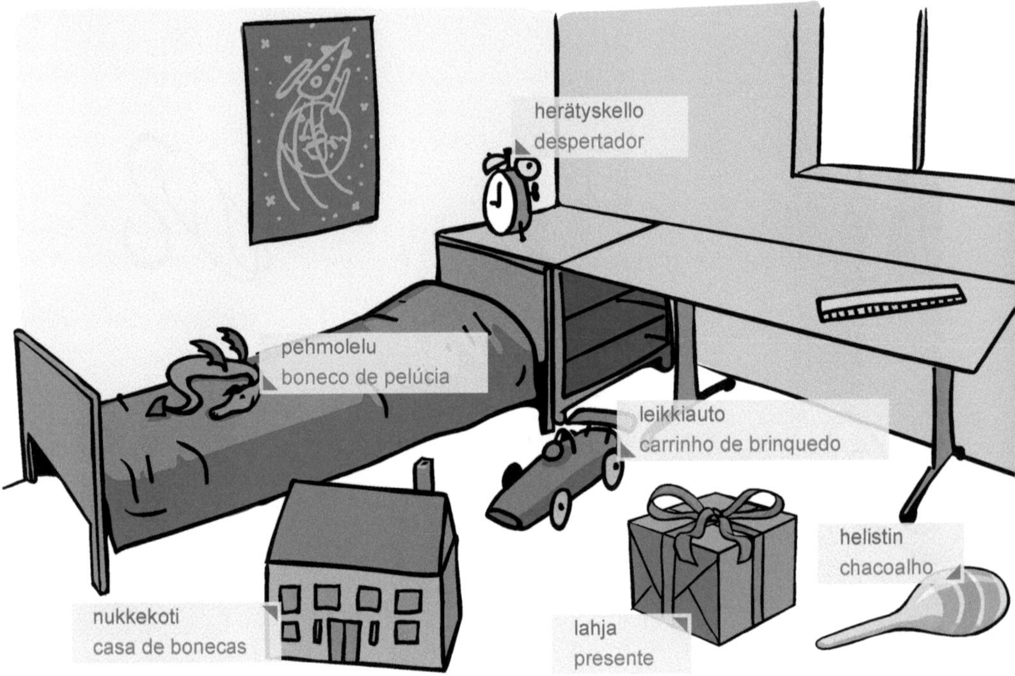

herätyskello
despertador

pehmolelu
boneco de pelúcia

leikkiauto
carrinho de brinquedo

nukkekoti
casa de bonecas

lahja
presente

helistin
chacoalho

ilmapallo

balão

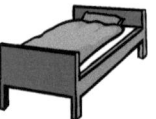

sänky

cama

lastenvaunut

carrinho de bebê

korttipeli

jogo de cartas

palapeli

quebra-cabeças

sarjakuva

revista de quadrinhos

legopalikat

peças de Lego

rakennuspalikat

blocos de construção

supersankari

figura de ação

potkupuku

macaquinho de bebê

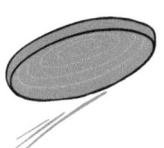

frisbee

frisbee

mobile

móbile para bebé

lautapeli

jogo de tabuleiro

noppa

dados

pienoisjunarata

trenzinho elétrico

tutti

chupeta

juhlat

festa

kuvakirja

livro ilustrado

pallo

bola

nukke

boneca

leikkiä

brincar

hiekkalaatikko

caixa de areia

keinu

balanço

lelut

brinquedos

pelikonsoli

videogame

kolmipyörä

triciclo

nalle

ursinho de pelúcia

vaatekaappi

guarda-roupa

vaatteet
vestuário

sukat

meias

nylonsukat

meias pelo joelho

sukkahousut

meias-calças

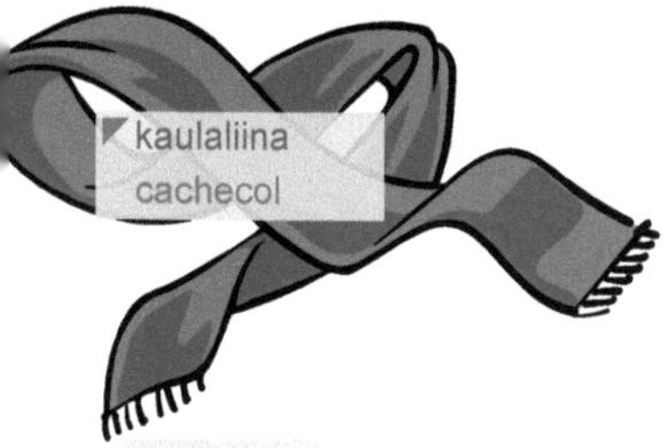

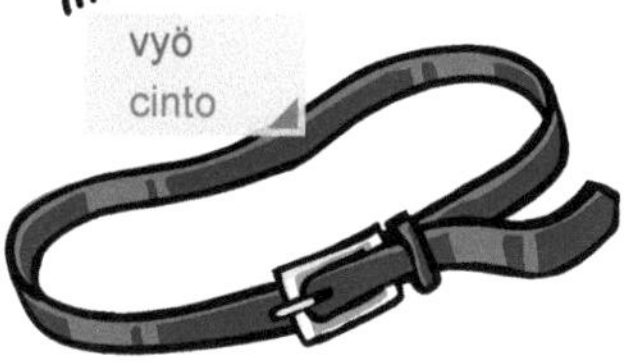

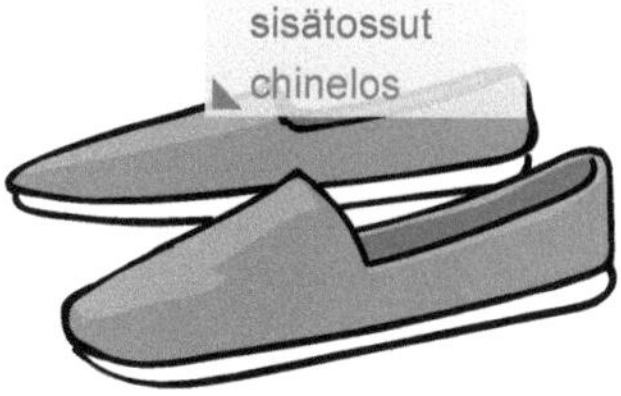

kaulaliina
cachecol

sateenvarjo
guarda-chuva

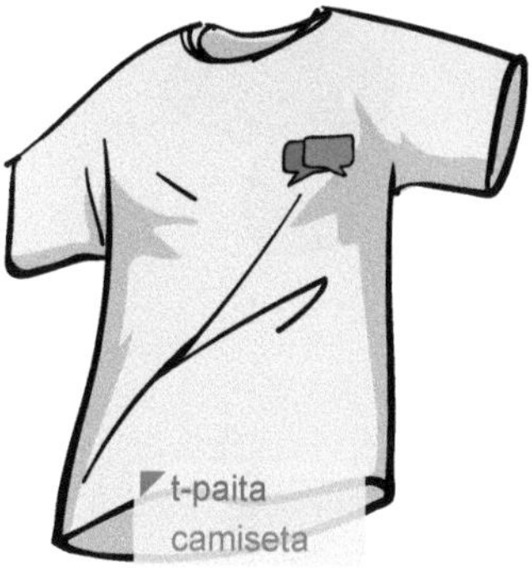

vyö
cinto

t-paita
camiseta

saappaat
botas

sisätossut
chinelos

lenkkarit
tênis

sandaalit
sandálias

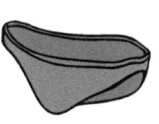

kengät
sapatos

kumisaappaat
botas de borracha

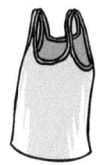

alushousut
roupa de baixo

rintaliivit
sutiã

aluspaita
camiseta de baixo

vaatteet - vestuário

body
body

housut
calças

farkut
jeans

hame
saia

pusero
blusa

paita
camisa

villapaita
pulôver

collegepaita
suéter com capuz

jakku
blazer

takki
jaqueta

takki
casaco

sadetakki
gabardine

puku
traje

mekko
vestido

hääpuku
vestido de casamento

vaatteet - vestuário

puku
terno

yöpaita
camisola

pyjama
pijama

shari
sari

päähuivi
lenço de cabeça

turbaani
turbante

burka
burca

kaftaani
cafetã

abaya
abaya

uimapuku
maiô

uimahousut
sunga

shortsit
shorts

verkkarit
roupa de treino

esiliina
avental

käsineet
luvas

nappi

botão

silmälasit

óculos

rannekoru

pulseira

kaulakoru

colar

sormus

anel

korvakoru

brinco

lippalakki

boné

ripustin

cabide

hattu

chapéu

solmio

gravata

vetoketju

zíper

kypärä

capacete

henkselit

suspensórios

koulupuku

uniforme escolar

univormu

uniforme

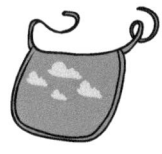

ruokalappu

babador

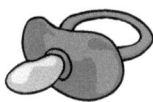

tutti

chupeta

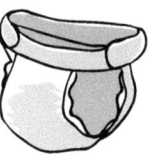

vaippa

fralda

toimisto
escritório

palvelin
servidor
asiakirjakaappi
armário de arquivos
tulostin
impressora
paperi
papel
näyttö
monitor
hiiri
mouse
kirjoituspöytä
escrivaninha
kansio
pasta
näppäimistö
teclado
roskakori
cesto de lixo
tietokone
computador
tuoli
cadeira

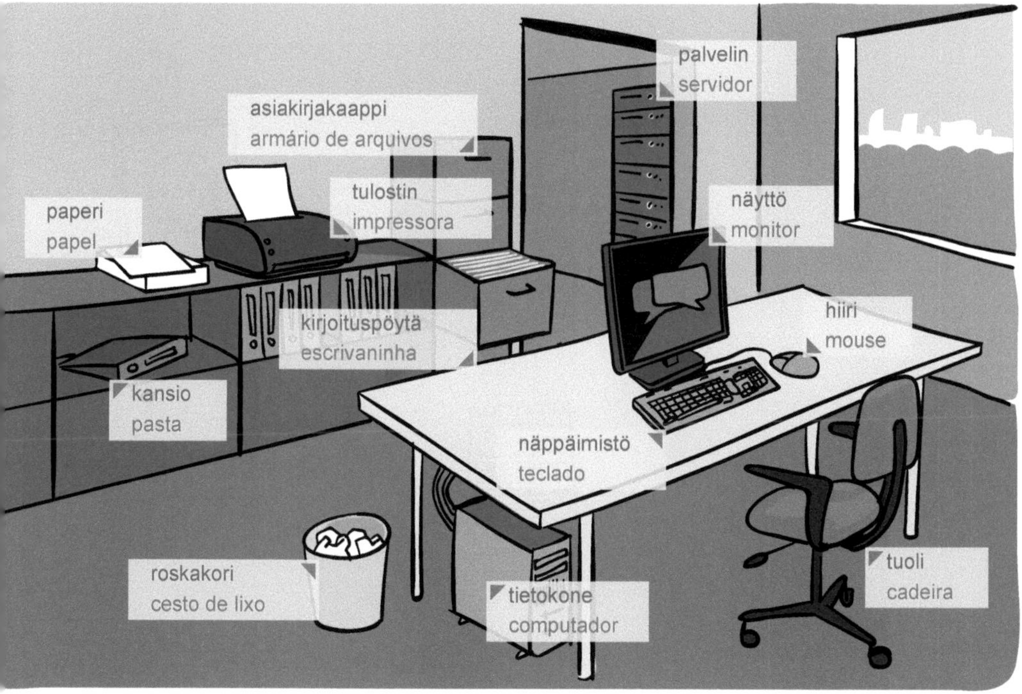

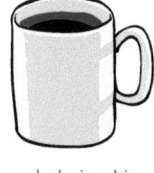

kahvimuki

xícara de café

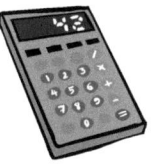

taskulaskin

calculadora

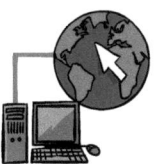

internet

internet

kannettava tietokone

laptop

kirje

carta

viesti

mensagem

kännykkä

celular

verkko

rede

kopiokone

copiadora

ohjelmisto

software

puhelin

telefone

pistorasia

tomada

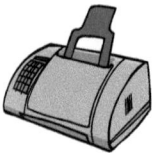

faksi

fax

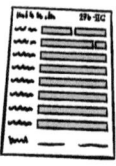

lomake

formulário

asiakirja

documento

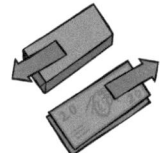

ostaa
comprar

maksaa
pagar

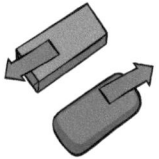

vaihtaa
negociar

raha
dinheiro

USD

dollari
Dólar

EUR

euro
Euro

JPY

jeni
Yen

RUB

rupla
rublo

CHF

frangi
franco suíço

CNY

renminbi juan
renminbi yuan

INR

rupia
rupia

pankkiautomaatti
caixa eletrônico

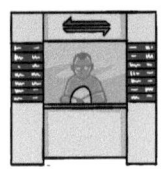

rahanvaihto
casa de câmbio

kulta
ouro

hopea
prata

öljy
petróleo

energia
energia

hinta
preço

sopimus
contrato

vero
imposto

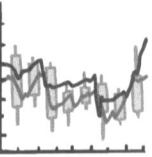

osake
ação

työskennellä
trabalhar

työntekijä
empregado

työnantaja
empregador

tehdas
fábrica

liike
loja

ammatit
profissões

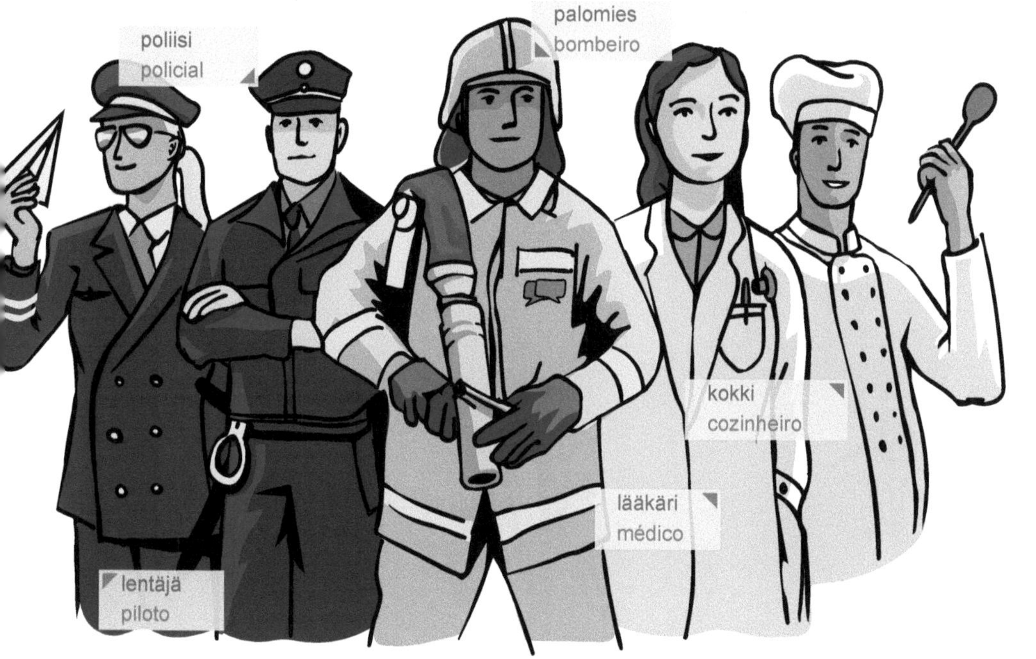
poliisi
policial
palomies
bombeiro
kokki
cozinheiro
lääkäri
médico
lentäjä
piloto

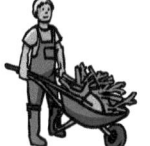

puutarhuri

jardineiro

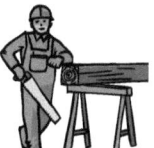

puuseppä

marceneiro

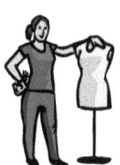

ompelija

costureira

tuomari

juiz

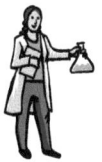

kemisti

químico

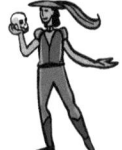

näyttelijä

ator

linja-autonkuljettaja

motorista de ônibus

taksinkuljettaja

motorista de táxi

kalastaja

pescador

siivooja

faxineira

katontekijä

telhador

tarjoilija

garçom

metsästäjä

caçador

maalari

pintor

leipuri

padeiro

sähköasentaja

eletricista

rakentaja

construtor

insinööri

engenheiro

teurastaja

açougueiro

putkiasentaja

encanador

postinjakaja

carteiro

sotilas

soldado

arkkitehti

arquiteto

kassanhoitaja

caixa

floristi

florista

kampaaja

cabelereiro

konduktööri

condutor

mekaanikko

mecânico

kapteeni

capitão

hammaslääkäri

dentista

tiedemies

cientista

rabbi

rabino

imaami

imam

munkki

monge

pappi

pastor

työkalut
ferramentas

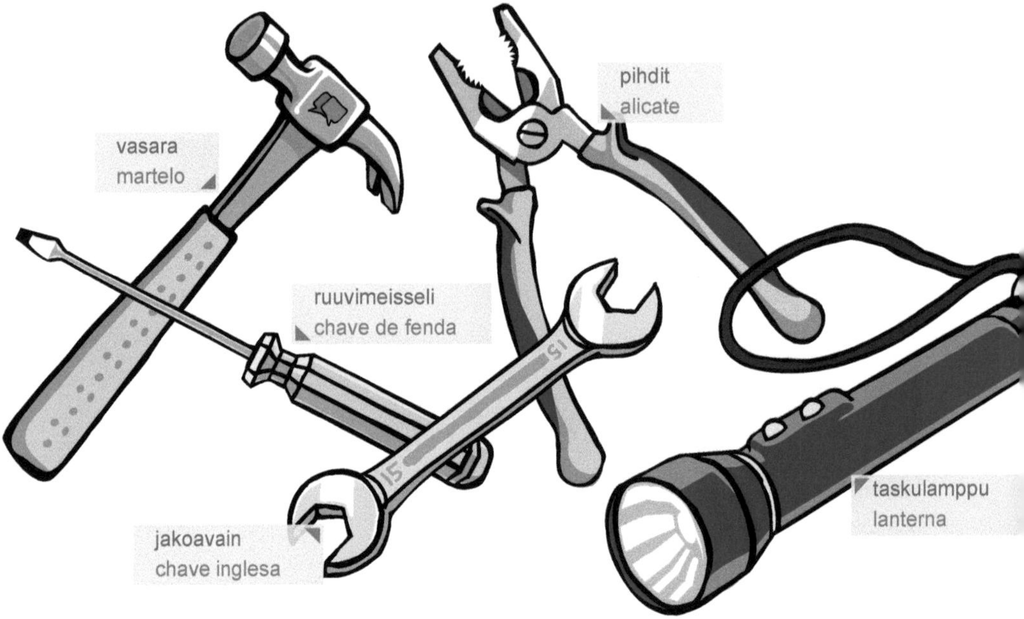
pihdit
alicate
vasara
martelo
ruuvimeisseli
chave de fenda
jakoavain
chave inglesa
taskulamppu
lanterna

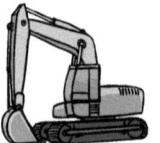

kaivinkone

escavadora

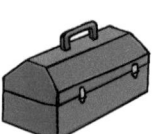

työkalupakki

caixa de ferramentas

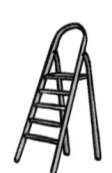

tikkaat

escada de mão

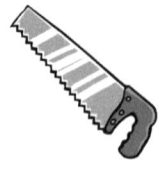

saha

serra

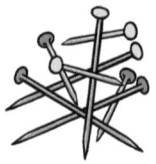

naulat

pregos

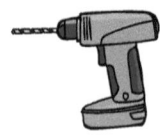

pora

furadeira

korjata
....
consertar

lapio
....
pá

Hitto!
....
Droga!

rikkalapio
....
pá de lixo

maalipurkki
....
pote de tinta

ruuvit
....
parafusos

soittimet
instrumentos musicais

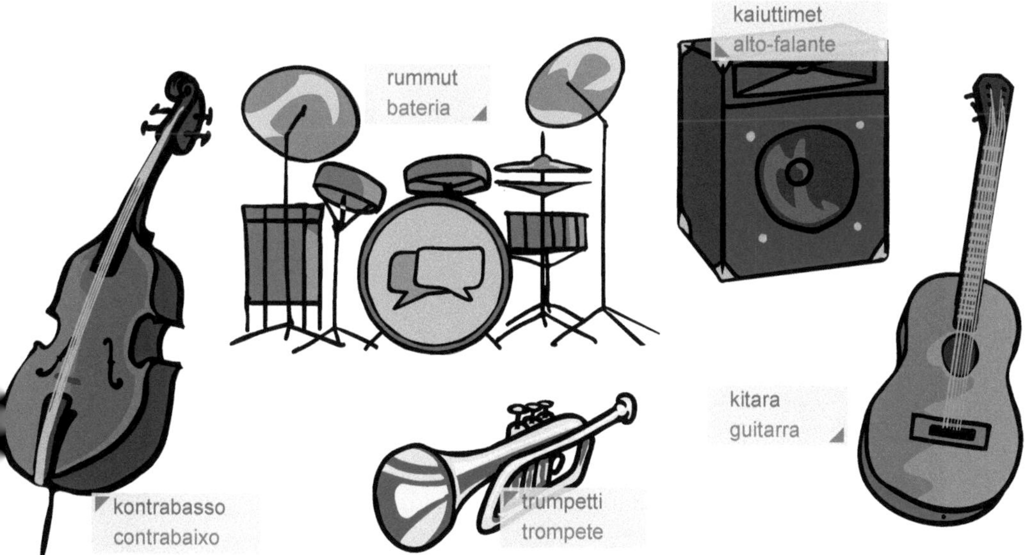

kaiuttimet
alto-falante

rummut
bateria

kitara
guitarra

kontrabasso
contrabaixo

trumpetti
trompete

piano

piano

viulu

violino

basso

baixo

patarummut

timbales

rumpu

tambor

kosketinsoitin

teclado

saksofoni

saxofone

huilu

flauta

mikrofoni

microfone

eläintarha
zoológico

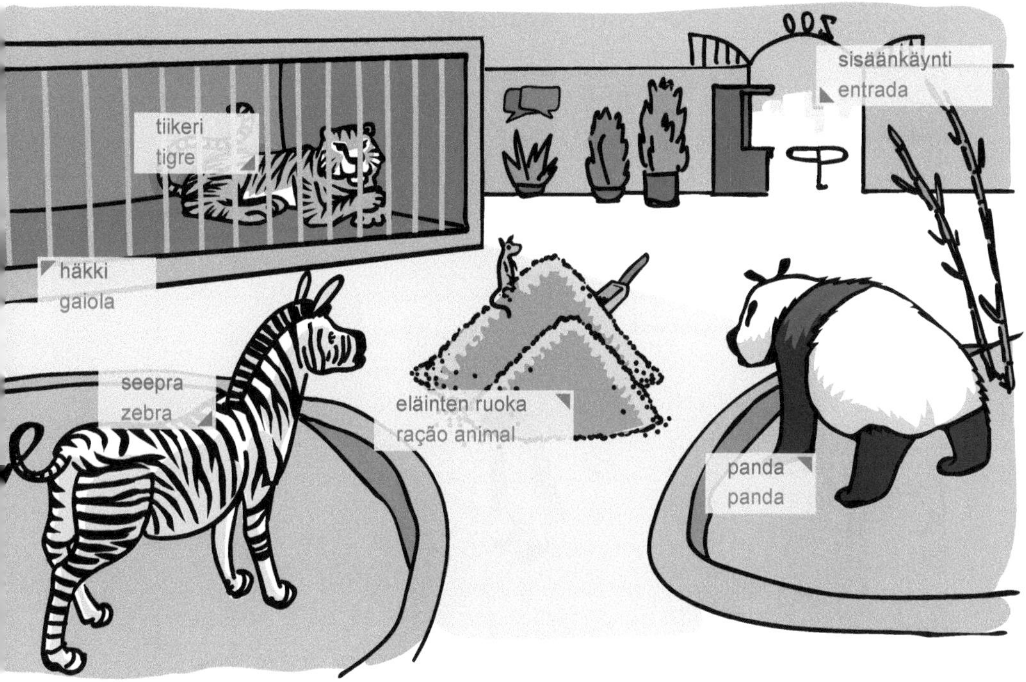

sisäänkäynti
entrada
tiikeri
tigre
häkki
gaiola
seepra
zebra
eläinten ruoka
ração animal
panda
panda

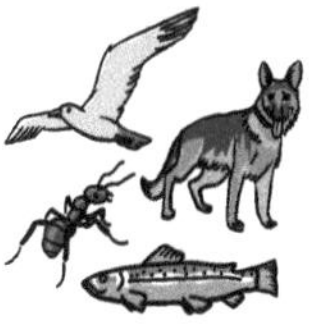

eläimet
animais

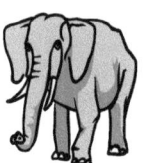

norsu
elefante

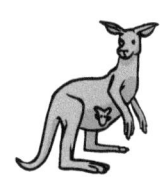

kenguru
canguru

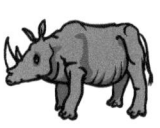

sarvikuono
rinoceronte

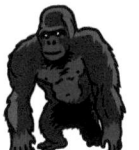

gorilla
gorila

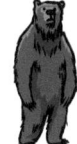

karhu
urso

kameli

camelo

strutsi

avestruz

leijona

leão

apina

macaco

flamingo

flamingo

papukaija

papagaio

jääkarhu

urso polar

pingviini

pinguim

hai

tubarão

riikinkukko

pavão

käärme

cobra

krokotiili

crocodilo

eläintarhanhoitaja

guarda do zoológico

hylje

foca

jaguaari

jaguar

poni

pônei

leopardi

leopardo

virtahepo

hipopótamo

kirahvi

girafa

kotka

águia

villisika

javali

kala

peixe

kilpikonna

tartaruga

mursu

morsa

kettu

raposa

gaselli

gazela

amerikkalainen jalkapallo
futebol americano

pyöräily
ciclismo

tennis
tênis

koripallo
basquete

uinti
natação

nyrkkeily
boxe

jääkiekko
hóquei no gelo

jalkapallo
futebol

sulkapallo
badminton

yleisurheilu
atletismo

käsipallo
handebol

hiihto
esqui

poolo
polo

aktiviteetit
atividades

hypätä
pular
halata
abraçar
nauraa
rir
kävellä
andar
laulaa
cantar
unelmoida
sonhar
rukoilla
rezar
suudella
beijar

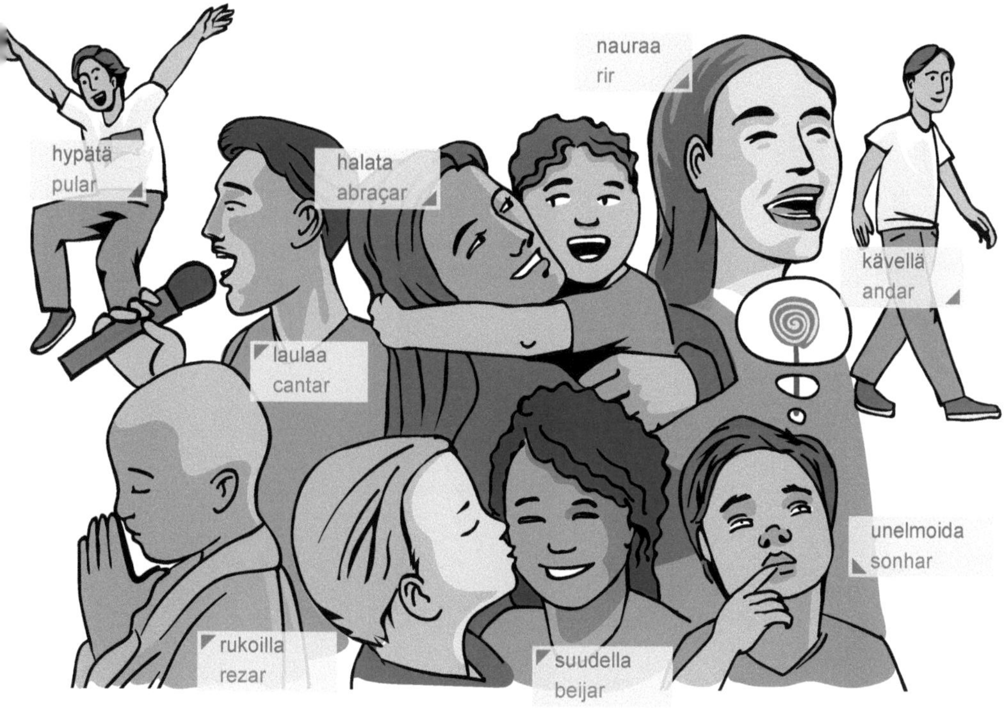

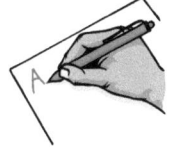

kirjoittaa

escrever

piirtää

desenhar

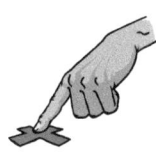

näyttää

mostrar

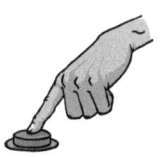

painaa

empurrar

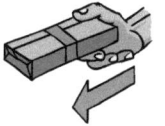

antaa

dar

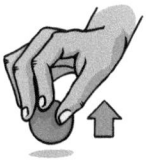

ottaa

tomar

omistaa

ter

tehdä

fazer

olla

ser

seisoa

ficar de pé

juosta

correr

vetää

puxar

heittää

jogar

kaatua

cair

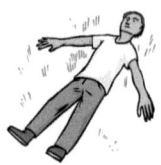

maata

deitar

odottaa

esperar

kantaa

carregar

istua

sentar

pukeutua

vestir

nukkua

dormir

herätä

despertar

katsoa

olhar para

itkeä

chorar

silittää

acariciar

kammata

pentear

puhua

falar

ymmärtää

entender

kysyä

perguntar

kuunnella

ouvir

juoda

beber

syödä

comer

siivota

arrumar

rakastaa

amar

keittää

cozinhar

ajaa

dirigir

lentää

voar

purjehtia

velejar

laskea

calcular

lukea

ler

oppia

aprender

työskennellä

trabalhar

mennä naimisiin

casar

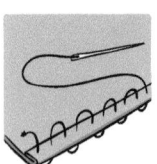

ommella

costurar

pestä hampaat

escovar os dentes

tappaa

matar

tupakoida

fumar

lähettää

enviar

perhe
família

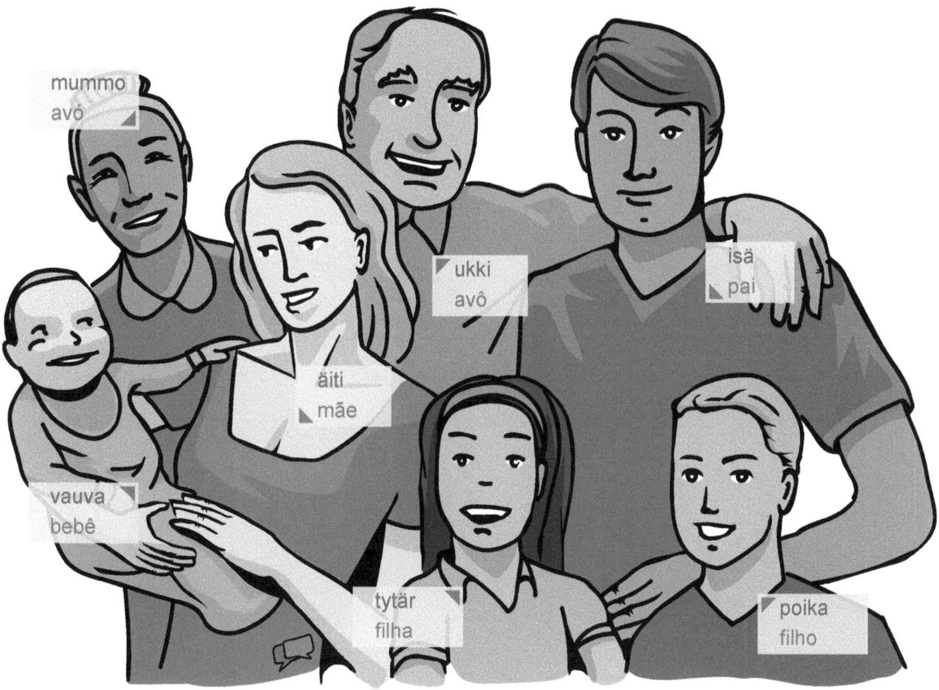
mummo
avó
ukki
avô
isä
pai
äiti
mãe
vauva
bebê
tytär
filha
poika
filho

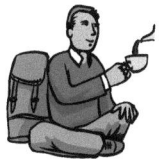

vieras
convidado

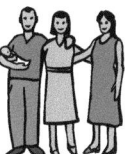

täti
tia

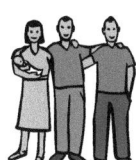

setä
tio

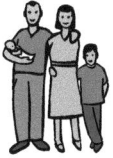

veli
irmão

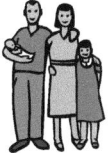

sisko
irmã

vartalo

corpo

otsa
testa
silmä
olho
olkapää
ombro
sormet
dedo
kasvot
rosto
leuka
queixo
käsi
mão
rinta
peito
jalka
perna
käsivarsi
braço

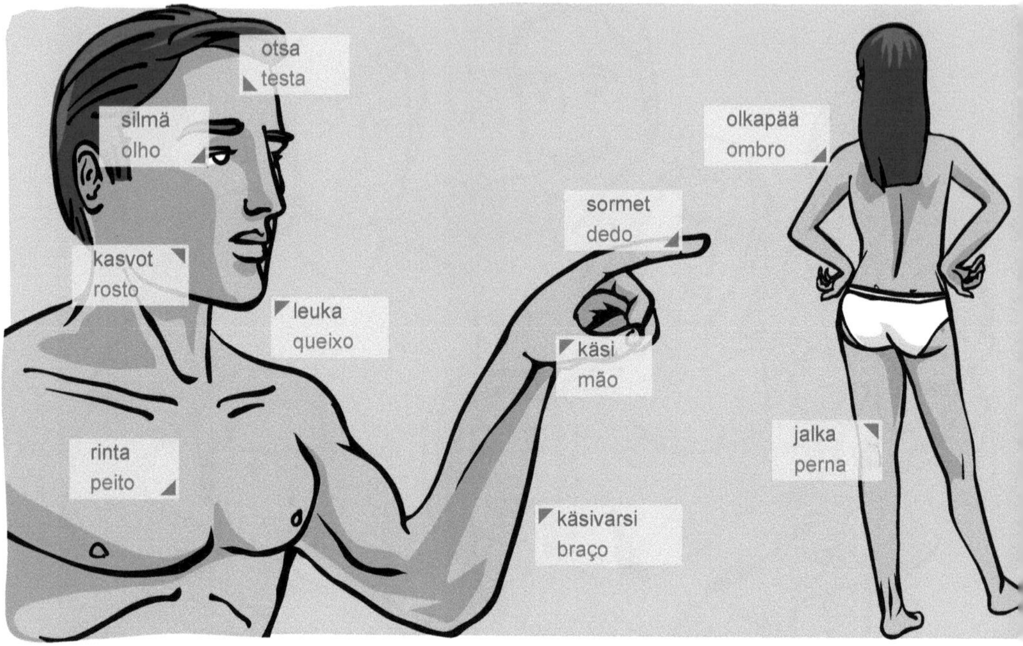

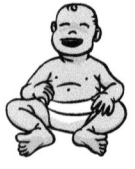

vauva

bebê

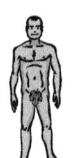

mies

homem

nainen

mulher

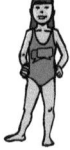

tyttö

menina

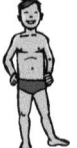

poika

menino

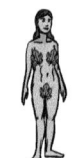

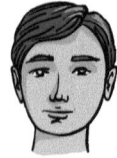

pää

cabeça

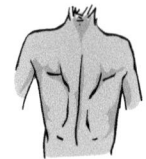

selkä

costas

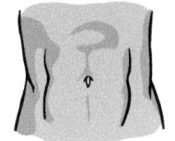

maha

barriga

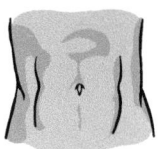

napa

umbigo

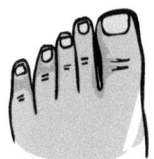

varvas

dedo do pé

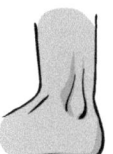

kantapää

calcanhar

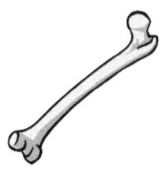

luu

osso

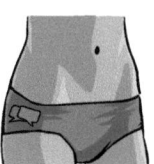

lantio

anca

polvi

joelho

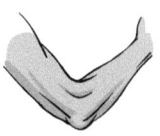

kyynärpää

cotovelo

nenä

nariz

takapuoli

nádegas

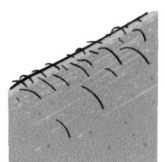

iho

pele

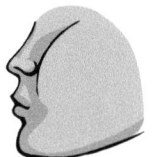

poski

bochecha

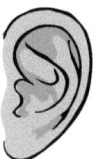

korva

orelha

huuli

lábio

suu
boca

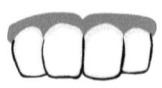

hammas
dente

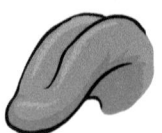

kieli
língua

aivot
cérebro

sydän
coração

lihas
músculo

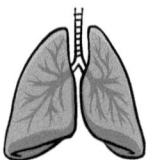

keuhkot
pulmão

maksa
fígado

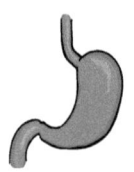

vatsa
estômago

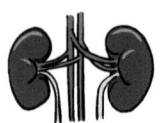

munuaiset
rins

seksi
relações sexuais

kondomi
preservativo

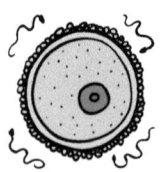

munasolu
óvulo

sperma
esperma

raskaus
gravidez

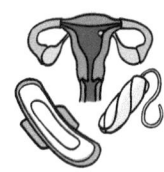

kuukautiset

menstruação

vagina

vagina

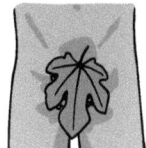

penis

pênis

kulmakarvat

sobrancelha

hiukset

cabelo

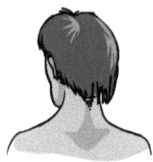

niska

pescoço

sairaala
hospital

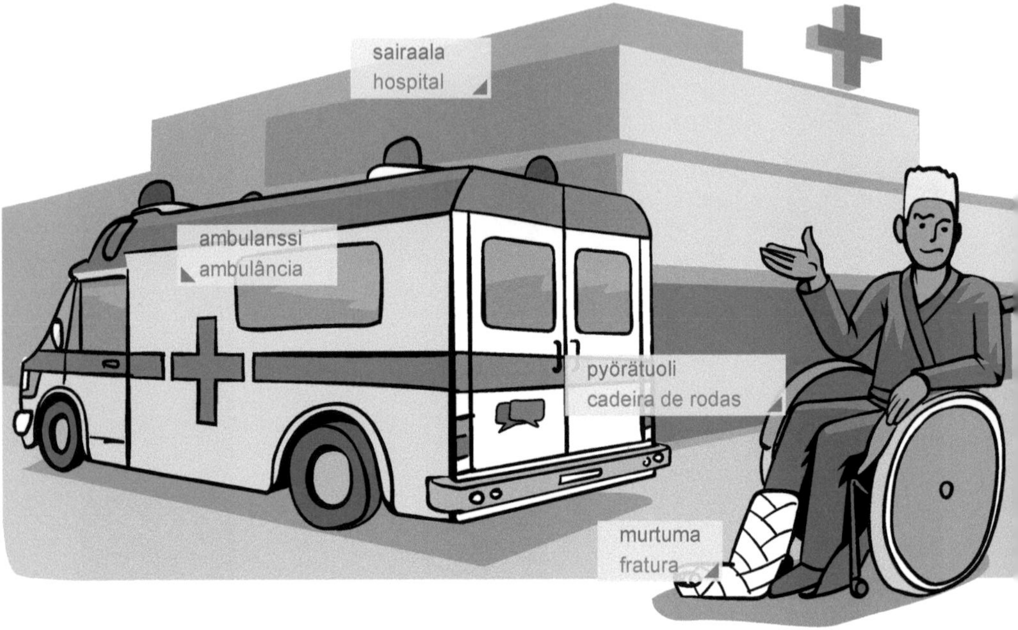

sairaala
hospital
ambulanssi
ambulância
pyörätuoli
cadeira de rodas
murtuma
fratura

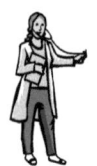

lääkäri

médico

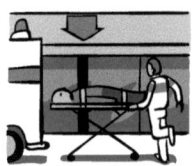

ensiapu

pronto-socorro

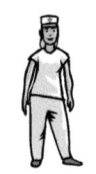

sairaanhoitaja

enfermeira

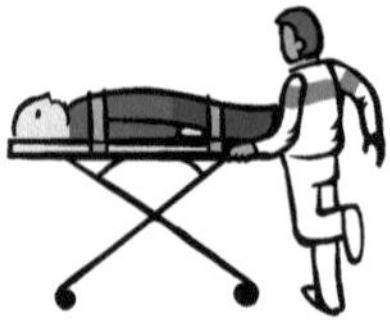

hätätilanne

emergência

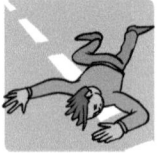

tajuton

inconsciente

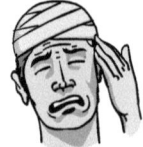

kipu

dor

vamma

ferimento

verenvuoto

hemorragia

sydänkohtaus

ataque cardíaco

aivoinfarkti

acidente vacular cerebral

allergia

alergia

yskä

tosse

kuume

febre

flunssa

gripe

ripuli

diarreia

päänsärky

dor de cabeça

syöpä

câncer

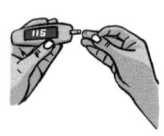

diabetes

diabetes

kirurgi

cirurgião

veitsi

bisturi

leikkaus

operação

ct

CT

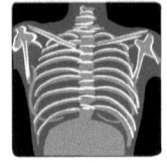

röntgen

raio x

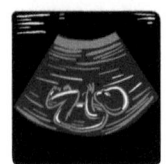

ultraääni

ultrassom

maski

máscara

sairaus

doença

odotushuone

sala de espera

sauva

muleta

laastari

bandeide

side

ligadura

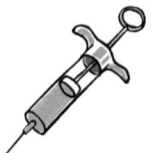

pistos

injeção

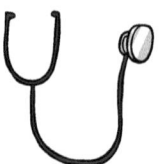

stetoskooppi

estetoscópio

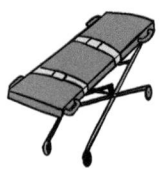

paarit

maca

kuumemittari

termômetro

syntymä

nascimento

ylipaino

excesso de peso

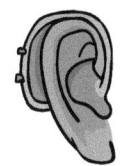

kuulolaite

aparelho auditivo

desinfiointiaine

desinfetante

infektio

infecção

virus

vírus

HIV / AIDS

HIV / AIDS

lääke

medicamento

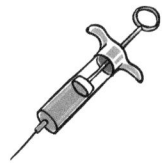

rokotus

vacinação

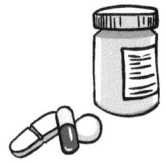

tabletit

comprimidos

pilleri

pílula

hätäpuhelu

chamada de emergência

verenpainemittari

dispositivo de medição de
pressão arterial

sairas / terve

doente / saudável

Apua!

Socorro!

hälytys

alarme

ryöstö

assalto

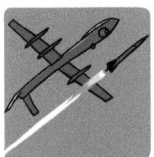

hyökkäys

ataque

vaara

perigo

hätäuloskäynti

saída de emergência

Tulipalo!

Fogo!

palosammutin

extintor de incêndios

onnettomuus

acidente

ensiapulaukku

maleta de primeiros
socorros

SOS

SOS

poliisilaitos

polícia

Eurooppa

Europa

Pohjois-Amerikka

América do Norte

Etelä-Amerikka

América do Sul

Afrikka

África

Aasia

Ásia

Australia

Austrália

Atlantin valtameri

Atlântico

Tyynimeri

Pacífico

Intian valtameri

Oceano Índico

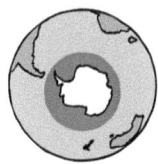

Eteläinen jäämeri

Oceano Antártico

Pohjoinen jäämeri

Oceano Ártico

pohjoisnapa

Polo Norte

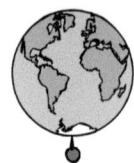

etelänapa

Polo Sul

Antarktis

Antártica

maa

Terra

maa

terra

meri

mar

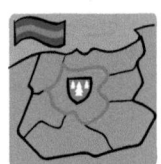

saari

ilha

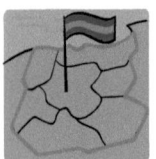

kansa

nação

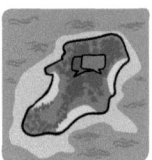

osavaltio

estado

kellotaulu

mostrador do relógio

tuntiviisari

ponteiro das horas

minuuttiviisari

ponteiro dos minutos

sekuntiviisari

ponteiro dos segundos

Paljonko kello on?

Que horas são?

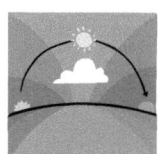

päivä

dia

aika

tempo

nyt

agora

digitaalikello

relógio digital

minuutti

minuto

tunti

hora

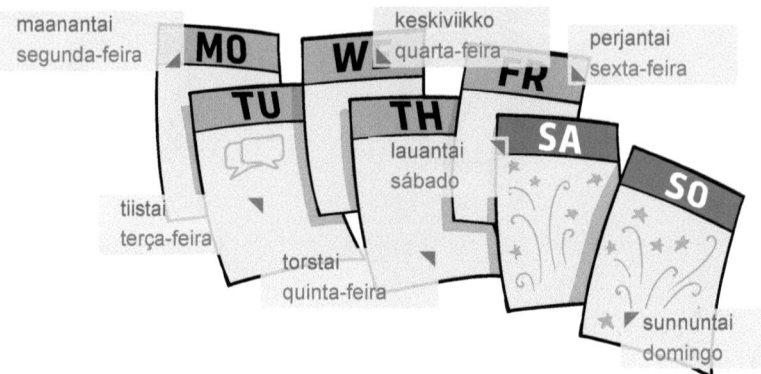

maanantai
segunda-feira

keskiviikko
quarta-feira

perjantai
sexta-feira

lauantai
sábado

tiistai
terça-feira

torstai
quinta-feira

sunnuntai
domingo

eilen
ontem

tänään
hoje

huomenna
amanhã

aamu
manhã

keskipäivä
meio-dia

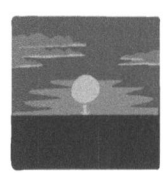

ilta
entardecer

MO	TU	WE	TH	FR	SA	SU
1	2	3	4	5	6	7
8	9	10	11	12	13	14
15	16	17	18	19	20	21
22	23	24	25	26	27	28
29	30	31	1	2	3	4

työpäivät
dias úteis

MO	TU	WE	TH	FR	SA	SU
1	2	3	4	5	6	7
8	9	10	11	12	13	14
15	16	17	18	19	20	21
22	23	24	25	26	27	28
29	30	31	1	2	3	4

viikonloppu
fim de semana

sade
chuva

sateenkaari
arco-íris

tuuli
vento

lumi
neve

kevät
primavera

kesä
verão

syksy
outono

talvi
inverno

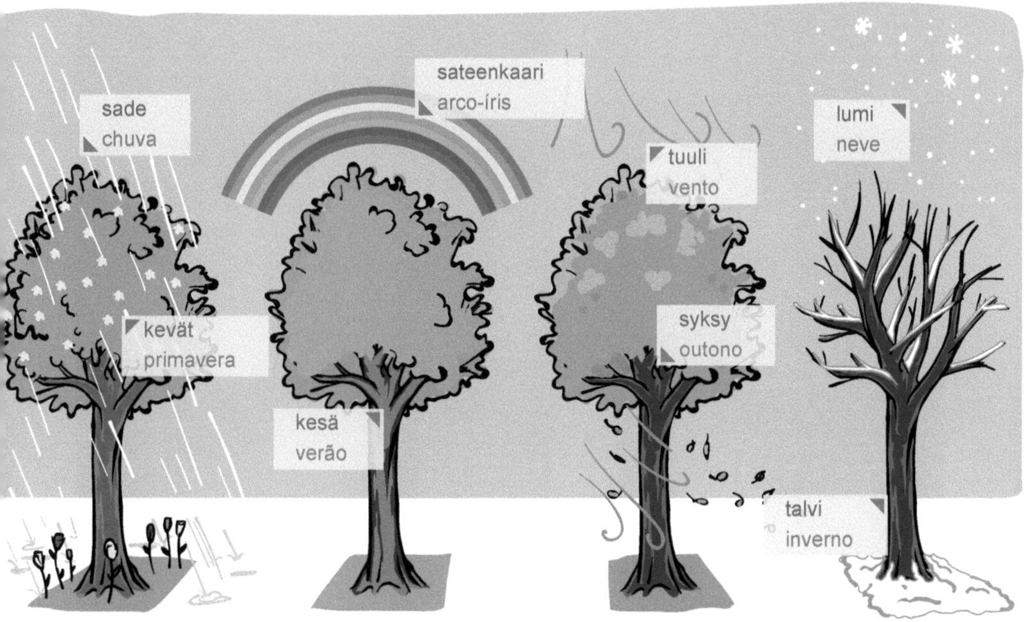

4.APRIL	11°	☀
5.APRIL	4°	☁
6.APRIL	13°	☂
7.APRIL	8°	☀
8.APRIL	10°	☀

sääennuste

previsão do tempo

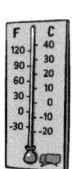

lämpömittari

termômetro

auringonpaiste

raio de sol

pilvi

nuvem

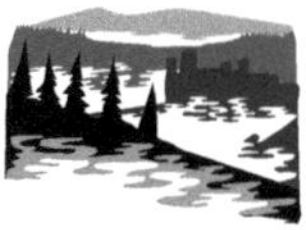

sumu

neblina / nevoeiro

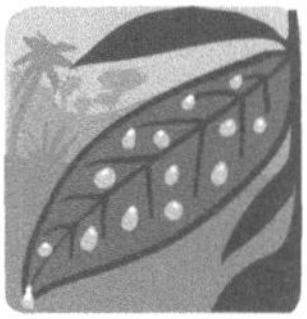

ilmankosteus

umidade do ar

salama
....
relâmpago

ukkonen
....
trovão

myrsky
....
tempestade

rae
....
granizo

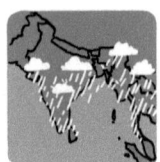

monsuuni
....
monção

tulva
....
inundação

jää
....
gelo

tammikuu
....
janeiro

helmikuu
....
fevereiro

maaliskuu
....
março

huhtikuu
....
abril

toukokuu
....
maio

kesäkuu
....
junho

heinäkuu
....
julho

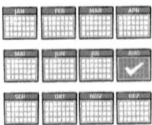

elokuu
....
agosto

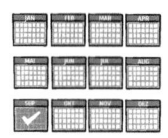

syyskuu

setembro

lokakuu

outubro

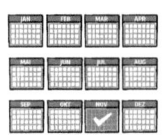

marraskuu

novembro

joulukuu

dezembro

muodot
formas

ympyrä

círculo

neliö

quadrado

suorakulmio

retângulo

kolmio

triângulo

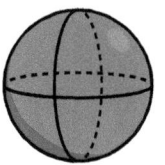

pallo

esfera

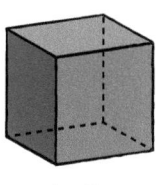

kuutio

cubo

valkoinen

branco

keltainen

amarelo

oranssi

laranja

vaaleanpunainen

rosa

punainen

vermelho

violetti

lilás

sininen

azul

vihreä

verde

ruskea

marrom

harmaa

cinza

musta

preto

paljon / vähän

muito / pouco

vihainen / ystävällinen

furioso / tranquilo

kaunis / ruma

lindo / feio

alku / loppu

começo / fim

suuri / pieni

grande / pequeno

vaalea / tumma

claro / escuro

veli / sisko

irmão / irmã

puhdas / likainen

limpo / sujo

täydellinen / epätäydellinen

completo / incompleto

päivä / yö

dia / noite

kuollut / elävä

morto / vivo

leveä / kapea

largo / estreito

syötävä / syömäkelvoton

comestível / não comestível

paha / kiltti

mau / gentil

innostunut / tylsistynyt

entusiasmado / entediado

lihava / laiha

gordo / magro

ensimmäinen / viimeinen

primeiro / último

ystävä / vihollinen

amigo / inimigo

täysi / tyhjä

cheio / vazio

kova / pehmeä

duro / macio

painava / kevyt

pesado / leve

nälkä / jano

fome / sede

sairas / terve

doente / saudável

laiton / laillinen

ilegal / legal

älykäs / tyhmä

inteligente / idiota

vasen / oikea

esquerda / direita

lähellä / kaukana

perto / longe

vastakohdat - opostos

uusi / käytetty
novo / usado

ei mitään / jotain
nada / alguma coisa

vanha / nuori
velho / jovem

päällä / pois päältä
ligado / desligado

auki / kiinni
aberto / fechado

hiljainen / äänekäs
baixo / alto

rikas / köyhä
rico / pobre

oikein / väärin
certo / errado

karhea / sileä
áspero / liso

surullinen / iloinen
triste / feliz

lyhyt / pitkä
curto / longo

hidas / nopea
lento / rápido

märkä / kuiva
molhado / seco

lämmin / viileä
ameno / fresco

sota / rauha
guerra / paz

0

nolla

zero

1

yksi

um

2

kaksi

dois

3

kolme

três

4

neljä

quatro

5

viisi

cinco

6

kuusi

seis

7

seitsemän

sete

8

kahdeksan

oito

9

yhdeksän

nove

10

kymmenen

dez

11

yksitoista

onze

12

kaksitoista

doze

13

kolmetoista

treze

14

neljätoista

quatorze

15

viisitoista

quinze

16

kuusitoista

dezesseis

17

seitsemäntoista

dezessete

18

kahdeksantoista

dezoito

19

yhdeksäntoista

dezenove

20

kaksikymmentä

vinte

100

sata

cem

1.000

tuhat

mil

1.000.000

miljoona

milhão

englanti

inglês

amerikanenglanti

inglês americano

mandariinikiina

chinês mandarim

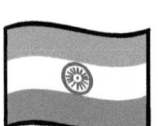

hindi

hindi

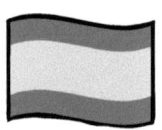

espanja

espanhol

ranska

francês

arabia

árabe

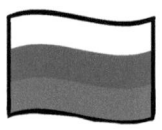

venäjä

russo

portugali

português

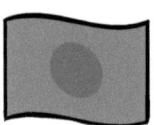

bengali

bengalês

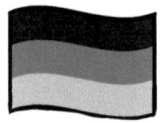

saksa

alemão

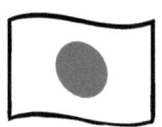

japani

japonês

minä
eu

sinä
você

hän
ele / ela

me
nós

te
vocês

he
eles / elas

kuka?
quem?

mitä / mikä?
O quê?

miten?
como?

missä?
onde?

milloin?
Quando?

nimi
nome

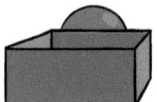

takana

atrás

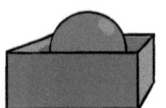

sisällä

em

edessä

na frente de

yläpuolella

sobre

päällä

em cima

alapuolella

debaixo

vieressä

do lado

välissä

entre

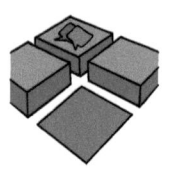

paikka

lugar